Das Marmeladen-büchlein

Bildnachweis

fotolia.com
Seiten 5 © BeTa-Artworks, 8 © Christian Jung, 13 © Margit Power, 15 © Marina Lohrbach, 16 © sarsmis, 19 © Printemps, 21 © BeTa-Artworks, 22 © emmi, 25 © Christian Jung, 26/27 © alex, 28 © Nessi, 30 © photocrew, 31 © photocrew, 32 © raven, 33 © pink candy, 35 © Jörg Beuge + © Morphart, 36 © raven, 37 © sarsmis, 38 © nolonely, 39 © raven, 42 © Carmen Steiner, 46 © Thomas Francois, 47 © unverdorben + © raven, 52 © sarsmis, 57 © volff + © Yasonya, 59 © Viktorija, 60 © Nitr + © raven, 64 © Ziablik, 65 © nenilkime + © Barbara Pheby, 66 © GeoM, 69 © hs-creator, 70 © sarsmis, 71 © Yasonya, 72 © Anna Kucherova, 74 © sarsmis, 76 © PhotoSG + © Le Do, 78 © nenilkime, 79 © sarsmis, 80 © Barbara Pheby, 81 © Chlorophylle, 82 © vadim yerofeyev + © Andrea Wilhelm, 85 © Sport Moments, 86 © Miroslawa Drozdowski, 87 © Miroslawa Drozdowski, 88 © Christian Jung, 89 © Andrea Wilhelm, 91 : Fotolia_34441226© Thomas Otto, 92 © Christian Jung, 95 © Ulrich Müller, 97 © Dionisvera, 98 © sarsmis, 100 © Corinna Gissemann, 101 © Anna Kucherova, 107 © MF, 118 © Printemps, 110 © L.Klauser, 111 © Christian Jung,

pixelio.de
Seiten 41 © original_R_K_B_by_schemmi, 48/49 © original_R_by_Angelina_Ströbel, 56 © R_K_B_by_Jörg Siebauer

Alle anderen Bildmotive Dover Bildarchiv

Das Marmeladenbüchlein

Printed in Poland 2015

ISBN 978-3-95540-489-5

Inhalt

Vorwort

Marmelade kochen ist altmodisch und nur etwas für unsere Großmütter? Sie fragen sich, wozu Sie Marmelade kochen sollen, wo doch ein so reichhaltiges Angebot im Supermarkt vorhanden ist? Hier ist die Antwort – es macht Spaß und schmeckt einfach superlecker!

Sie benötigen zum Marmeladekochen nur frisches Obst, Zucker, eine Küchenwaage, ein Schälmesser, einen hohen Topf und Einmachgläser. Marmelade kochen ist keine Hexerei und auf den folgenden Seiten werden Sie erkennen, wie leicht sich Köstlichkeiten wie Einfrucht-, Mehrfrucht- und „besondere" Marmeladen kochen lassen.

Außerdem ist selbst gemachte Marmelade im Vergleich zu gekaufter kostengünstiger und Sie haben die Gewissheit, dass in Ihrer selbst zubereiteten Marmelade keine Konservierungsstoffe oder andere unliebsame Ingredienzien vorhanden sind.

Fangen Sie den Sommer ein und bringen Sie Frische und Abwechslung durch die unterschiedlichsten Marmeladenrezepturen auf das morgendliche Brot oder Brötchen – Ihre Lieben werden es Ihnen danken.

Wir wünschen Ihnen viel Spaß beim Marmeladenkochen.

Einführung in das Marmelademachen

Marmelade darf sich streng genommen – also laut EU-Vorschrift – nur ein Fruchtaufstrich aus Zitrusfrüchten nennen. Grund dafür ist der englische Begriff „marmalade“, der seit jeher die traditionelle schottische Bitterorangenmarmelade bezeichnet und nun auch in der, anders geschriebenen, Marmelade die Zitrusfrüchte für sich beansprucht. Fruchtaufstriche aus verschiedenen Früchten heißen somit streng genommen Konfitüren.

Der Begriff Konfitüre wurde jedoch in Deutschland bisher für Aufstriche benutzt, die aus einer einzigen Fruchtsorte hergestellt und mit sichtbaren Fruchtstückchen bestückt waren. Umgangssprachlich macht man sich also manchmal wenig aus solcherlei Sprachverordnungen, und so bleibt Marmelade in Deutschland und Österreich die allgemeinübliche Bezeichnung für süße Brotaufstriche.

Aus alter Gewohnheit und weil die hier aufgeführten Rezepte nur für den Eigenbedarf und nicht für den Verkauf gedacht sind, kochen auch wir Marmeladen, selbst wenn es sich dabei richtigerweise um Konfitüren handelt.

Obst

Für Ihre Marmelade können Sie beinahe jedes Obst verwenden, in erster Linie richtet sich die Obstauswahl nach Ihrem eigenen Geschmack. Prüfen Sie bei Ihrem Einkauf die Ware auf Frische und kaufen Sie nur Obst, das frei von Druckstellen, Schimmelbefall oder Fäulnisbildung ist. Das Obst sollte reif, aber nicht „matschig" sein. Je frischer die Frucht, desto schmackhafter ist die Marmelade. Ein „faules Früchtchen" kann Ihre ganze Marmelade verderben. Nach der Vorbereitung der Obstsorten (waschen, schälen etc.) verlesen Sie das Obst sorgfältig. Das heißt: die Guten ins Töpfchen, die Schlechten ins Kröpfchen. Bei größeren Obstsorten wie Äpfel, Birnen, Pfirsichen müssen Sie bei einer Druckstelle natürlich nicht die ganze Frucht aussortieren, hier können Sie eventuell vorhandene Druckstellen wegschneiden.
Bei der Zubereitung sollten Sie darauf achten, dass das Obst für Ihre Marmelade nach der Vorbehandlung, also schälen und entkernen, stets gewogen wird, damit das Frucht-zu-Zucker-Verhältnis stimmt (siehe Gelierzucker). Sie können die Saisonfrüchte auch einfrieren und diese zu einem späteren Zeitpunkt eventuell mit einer anderen Saisonfrucht kombinieren.

Gelierzucker

Gelierzucker ist eine Mischung aus Kristallzucker und Geliermitteln. Gelierzucker sorgt beim Einkochen für rasches Gelieren und macht die Marmelade haltbar. Die Verarbeitung von Gelierzucker verkürzt die Kochzeit, was den Erhalt von Vitaminen garantiert. Langes Kochen mit Haushaltszucker führt dagegen zu Vitaminverlust.
Traditionell wird Gelierzucker im Verhältnis 1:1 verwendet, das heißt,

Obst und Gelierzucker zu gleichen Mengen (1 kg Obst : 1 kg Gelierzucker). Dieses Zuckerverhältnis sorgt für eine größere Süßkraft und ist deshalb für Zitrusfrüchte geeignet.

Sie können Gelierzucker auch im Verhältnis 2:1 (1 kg Obst : 500 g Gelierzucker) oder 3:1 (1 kg Obst : 300 g Gelierzucker) verarbeiten. Die Marmeladen mit einem geringeren Zuckeranteil werden im Ergebnis auch weniger süß. Bei niedrigeren Zuckerkonzentrationen stellt die im Zucker enthaltene Sorbinsäure die Konservierung der Marmelade dennoch sicher.

Vor dem Kochen von Marmeladen mit den jeweiligen Gelierzuckern sollten die Angaben auf den jeweiligen Packungen beachtet werden.

Gelierprobe

Um festzustellen, ob die Marmelade nach dem Kochvorgang die richtige Konsistenz aufweist, ist eine Gelierprobe notwendig. Die Marmelade darf weder zu fest noch zu flüssig sein.
Für die Gelierprobe geben Sie nach der Kochzeit etwas Marmelade auf einen möglichst kalten Teller (vorher in den Kühlschrank stellen). Wenn die Marmelade nicht fließt und sich eine feine Haut bildet, ist sie fertig.
Sollte die Konsistenz nicht ausreichen, müssen Sie etwas Geliermittel der gesamten Fruchtmasse beimischen, die dann nochmals stark erhitzt werden sollte. Ist die Marmelade jedoch zu fest, geben Sie etwas Apfelsaft oder Wasser hinzu und kochen alles noch einmal auf.

Abfüllen

Nach der Gelierprobe füllen Sie die Marmelade in Gläser. Dazu müssen die Gläser und auch die Deckel zuvor mit heißem Wasser (mindestens 70 °C) ausgespült werden, damit sie beim Abfüllen der sehr heißen Marmelade nicht zerspringen. Füllen Sie die Gläser zügig mit der Marmelade bis unter den Rand. Übergelaufene Marmelade muss abgewischt und die Gläser anschließend sofort verschlossen werden. Die Gläser nach dem Verschließen auf den Kopf stellen, damit durch das Abkühlen der Marmelade ein Vakuum entsteht. Dieses Vakuum schützt Ihre Marmelade davor zu verderben.

Gläser

Für Ihre Marmelade benötigen Sie einen bestimmten Vorrat an Gläsern. An die Gläser müssen Sie keine großen Ansprüche stellen. Wichtig ist, dass die Gläser und die Deckel sauber und unbeschädigt sind. Sie können die Gläser selbst sammeln, indem Sie Kompott-, Gurken- oder Gemüsegläser aufheben oder direkt Gläser im Fachhandel kaufen. Füllen Sie Ihre Marmelade aber nicht in zu große Gläser. Denn wenn ein Glas erst einmal geöffnet wurde, müssen Sie die Marmelade auch recht schnell verzehren. Die Gläser können Sie problemlos in der Spülmaschine reinigen. Nach der Reinigung müssen sie jedoch sterilisiert werden. Dazu geben Sie die Gläser in einen großen Topf mit kochendem Wasser und lassen sie kurz sprudelnd kochen. Die Gläser anschließend aus dem Topf heben (Vorsicht: sehr heiß) und umgedreht auf sauberen Geschirrtüchern abtropfen lassen.
Eine weitere Möglichkeit, die Gläser zu sterilisieren, ist: Die Gläser nach

dem Reinigen etwa bis zur Hälfte mit heißem Wasser füllen und in der Mikrowelle bei 600 Watt erhitzen – das Wasser soll kurz kochen.

Aufbewahrung

Zur Aufbewahrung Ihrer Marmelade ist es zunächst einmal wichtig, die Gläser entsprechend zu beschriften. Mit Aufklebern machen Sie die Marmelade kenntlich. Notieren Sie die Art der Marmelade, z. B. „Erdbeermarmelade", und auch das Datum der Abfüllung. Die Beschriftung der Gläser dient zu Ihrer eigenen Übersicht und garantiert Ihnen, dass zuerst die „ältere" Marmelade gegessen wird. Verwahren Sie die Gläser an einem nicht zu hellen, aber kühlen Ort und kontrollieren Sie die Marmelade regelmäßig auf eventuell vorhandenen Schimmelbefall. Kochen Sie nur so viel Marmelade, wie Sie innerhalb eines Jahres essen können. Das gut verschlossene Einkochgut ist zwar für mehrere Monate haltbar, trotzdem verliert die Marmelade nach einer gewissen Zeit ihr köstliches Aroma.

Tipps

Wenn sich der Deckel wölbt

Der gewölbte Deckel zeigt an, dass die Marmelade verdorben (gegoren) ist. Leider können Sie die Marmelade nicht mehr verzehren.

Der richtige Topf

Kochen Sie Ihre Marmelade in einem ausreichend großen Topf.
Der Topf sollte maximal bis zur Hälfte mit dem Einkochgut gefüllt sein, denn die Marmelade schäumt sehr stark. Ein hoher Topf verhindert das Überkochen.

Schaum abschöpfen

Beim Kochen von Marmelade bildet sich ein natürlicher, aber unerwünschter Schaum. Denn der Schaum ist ein optimaler Nährboden für Bakterien und bringt Luft in die Marmelade. Dadurch wird nicht nur die Haltbarkeit, sondern auch das Aussehen negativ beeinträchtigt (die Marmelade wird grau). Der Schaum lässt sich leicht mit einer Schöpfkelle entfernen.

Gewinnung von Fruchtsaft

Das Obst mit dem entsprechend gewählten Gelierzucker verrühren und einige Zeit stehen lassen. So bildet sich Fruchtsaft im Topf und die Zugabe von Wasser wird unnötig.

Das richtige Kochen

Grundsätzlich wird Marmelade auf hoher Temperatur sprudelnd unter ständigem Rühren und ohne Deckel gekocht. Große Mengen bedeuten auch längere Kochzeiten und somit Vitaminverlust. Zudem wird möglicherweise kein wünschenswertes Ergebnis bezüglich der Konsistenz und der Farbe Ihrer Marmelade erzielt.

Haltbarkeit

Nicht angebrochene Gläser halten sich „über den Winter“. Allerdings verkürzt sich die Haltbarkeit durch Zusätze wie Kräuter, Nüsse oder Kokosraspeln.

Einfrucht-Marmeladen

Erdbeer-marmelade

Zubereitungszeit: 20 Minuten (ohne Wartezeit) • Kochzeit: 4 Minuten

Für etwa 4 Gläser (Fassungsvermögen 250 ml)

Zutaten

1 kg Erdbeeren
800 g Haushaltszucker
Saft einer Zitrone (nach Wahl)

Anmerkung

Wenn Sie möchten, können Sie auch noch den Saft einer Zitrone beifügen.

Zubereitung

1. Die Früchte waschen, abtropfen lassen, verlesen, von den grünen Stielenden befreien und halbieren.
2. Die Früchte mit dem Gelierzucker in einen Topf geben und zum Kochen bringen. Die Masse unter ständigem Rühren etwa 4 Minuten sprudelnd kochen lassen, dabei den aufsteigenden Schaum abschöpfen.
3. Eine Gelierprobe machen und die Marmelade in die vorbereiteten Gläser füllen. Die Gläser sofort verschließen und auf den Kopf stellen.

Erdbeermarmelade mit ganzen Früchten

Zubereitungszeit: 30 Minuten (ohne Wartezeit) • Kochzeit: 15 Minuten

Für etwa 4 Gläser (Fassungsvermögen 250 ml)

Zutaten

1 kg Erdbeeren
800 g Haushaltszucker
Saft einer Zitrone

Anmerkung

Diese Marmelade ist in ihrer Zubereitung sicher etwas zeitintensiv – aber der Aufwand lohnt sich!
Sie können die Marmelade auch einfacher zubereiten, indem Sie die ganzen Früchte mit Gelierzucker etwa 5 Minuten kochen lassen und wie beschrieben in Gläser füllen.

Zubereitung

1. Die Erdbeeren waschen, abtropfen lassen und vom Stielansatz befreien. Die Früchte müssen reif, nicht „matschig", sein. Deshalb die Früchte verlesen.

2. Die Erdbeeren mit dem Zucker bestreuen und dem Zitronensaft übergießen. Vorsichtig verrühren, damit die Früchte nicht verletzt werden. Das Ganze abdecken und über Nacht im Kühlschrank ziehen lassen.

3. Die Erdbeermischung in einem Topf geben und einmal kurz aufkochen lassen. Die Masse in eine Schüssel füllen, abkühlen und erneut über Nacht im Kühlschrank ziehen lassen.

4. Einen Topf mit einem feuchten Tuch auslegen und die Früchte vorsichtig in das Tuch gießen und abtropfen lassen. Den so gewonnenen Erdbeersirup zum Kochen bringen und 8–10 Minuten kochen lassen, bis der Sirup nicht mehr schäumt und seine Oberfläche einen seidigen Glanz bekommt.

5. Die Erdbeeren dazugeben und etwa 5 Minuten kochen lassen. Nach der Gelierprobe die Erdbeermarmelade mit ganzen Früchten zügig in die vorbereiteten Gläser füllen. Die Gläser sofort verschließen und für 5 Minuten auf den Kopf stellen.

Aprikosen-marmelade

Zubereitungszeit: 35 Minuten (ohne Wartezeit) • Kochzeit: 4 Minuten

Für etwa 4 Gläser (Fassungsvermögen 250 ml)

Zubereitung

1. Die Aprikosen waschen und enthäuten. Dazu die Früchte kurz in sprudelnd kochendes Wasser geben, dann mit kaltem Wasser abschrecken, in einem Sieb abtropfen und abkühlen lassen. Anschließend die Haut abziehen.

2. Die Aprikosen halbieren, entkernen und in kleine Stücke schneiden. Die Hälfte der Aprikosen mit etwas Wasser in einem Topf zu feinem Mus kochen lassen. Die Limette auspressen.

3. Alle Zutaten in einem Topf zum Kochen bringen und etwa 4 Minuten unter ständigem Rühren kochen lassen. Den aufsteigenden Schaum abschöpfen.
Die Marmelade nach der Gelierprobe in die vorbereiteten Gläser füllen. Diese sofort verschließen und 5 Minuten auf dem Kopf stehen lassen.

Zutaten

1 kg Aprikosen
Saft von 1 Limette
1 kg Gelierzucker (1:1)

Johannisbeer-marmelade

Zubereitungszeit: 15 Minuten (ohne Wartezeit) • Kochzeit: 4 Minuten

Für etwa 4 Gläser (Fassungsvermögen 250 ml)

Zubereitung

1. Die Johannisbeeren waschen und abtropfen lassen.
Die Beeren mit Hilfe einer Gabel von den Rispen streifen und verlesen. Die Früchte sollten prall und von rot-glänzender Färbung sein.

2. Die Beeren mit Zitronensaft und Zucker in einen Kochtopf geben, mit einer Gabel leicht andrücken (die Früchte sollen aber noch erkennbar sein) und etwa 30 Minuten ziehen lassen.

3. Das Ganze aufkochen und 4 Minuten sprudelnd kochen lassen, dabei die Masse ständig rühren. Den aufsteigenden Schaum abschöpfen.
Die Johannisbeerenmarmelade nach der Gelierprobe in die vorbereiteten Gläser füllen. Diese sofort verschließen und für 5 Minuten auf den Kopf stellen.

Zutaten

1 kg Johannisbeeren
Saft von 1/2 Zitrone
500 g Gelierzucker (2:1)

Anmerkung

Die Roten Johannisbeeren haben einen sehr hohen Säureanteil; sie wirken dadurch appetitanregend und sind belebend – frei nach dem Motto „Sauer macht lustig". Die Beeren enthalten Phosphor und Kalium sowie etwa 32 mg Vitamin C auf 100 g.

Kirschmarmelade

Zubereitungszeit: 25 Minuten (ohne Wartezeit) • Kochzeit: 4 Minuten

Für etwa 6 Gläser (Fassungsvermögen 250 ml)

Zutaten

3 kg Kirschen
1,5 kg Gelierzucker (2:1)

Anmerkung

Wenn Sie die Früchte lieber nicht so weich mögen, können Sie darauf verzichten, die Kirschen im Wasser weich zu kochen (siehe Schritt 2).

Zubereitung

1. Die Früchte waschen, abtropfen lassen und von den Stielen befreien. Die Kirschen halbieren und dabei die Kerne entfernen.

2. Die Früchte zuerst in einem Topf mit etwas Wasser weich kochen. Dann den Zucker dazugeben, aufkochen und unter ständigem Rühren zu einer dicken, breiigen Masse kochen lassen. Den dabei entstehenden Schaum abschöpfen.

3. Die Marmelade zügig in die vorbereiteten Gläser füllen, sofort verschließen und für 5 Minuten auf den Kopf stellen.

Himbeer-marmelade

Zubereitungszeit: 15 Minuten (ohne Wartezeit) • Kochzeit: 4 Minuten

Für etwa 4 Gläser (Fassungsvermögen 250 ml)

Zubereitung

1. Die Himbeeren verlesen und durch ein Haarsieb streichen, dadurch werden die unliebsamen Fruchtkernchen entfernt.

2. Das Himbeermus in einem Topf mit dem Zucker verrühren und abgedeckt etwa 30 Minuten ziehen lassen. Das Ganze unter ständigem Rühren aufkochen und zu einer breiigen Masse kochen. Den Schaum abschöpfen.
Nach der Gelierprobe die Marmelade sofort in die vorbereiteten Gläser füllen, verschließen und für 5 Minuten auf den Kopf stellen.

Zutaten

1 kg Himbeeren
1 kg Gelierzucker (1:1)

Anmerkung

Sie können die Marmelade auch wie folgt zubereiten: Die Himbeeren verlesen und die Hälfte der Früchte mit etwas Wasser zu einem Mus kochen. Dann mit den übrigen Früchten und dem Gelierzucker etwa 4 Minuten kochen lassen. Abschließend wie beschrieben in die Gläser füllen.

Brombeer-marmelade

Zubereitungszeit: 5 Minuten (ohne Wartezeit) • Kochzeit: 30 Minuten

Für etwa 4 Gläser (Fassungsvermögen 250 ml)

Zubereitung

1. Die Brombeeren vorsichtig unter fließendem Wasser abbrausen, abtropfen lassen und verlesen.

2. Den Gelierzucker mit 40 ml Wasser zu einem dicken, klaren Sirup aufkochen und abschäumen. Die Beeren hinzugeben und unter Rühren etwa 30 Minuten kochen lassen. Die Brombeermarmelade nach der Gelierprobe zügig in die vorbereiteten Gläser füllen und diese für 5 Minuten auf den Kopf stellen.

Zutaten

1 kg Brombeeren
500 g Gelierzucker (2:1)

Anmerkung

Eine weitere Möglichkeit, Brombeermarmelade zu kochen, ist: Die Hälfte der Früchte mit etwas Wasser zu einem Mus kochen. Dann mit den übrigen Früchten und dem Gelierzucker etwa 4 Minuten kochen lassen. Abschließend wie beschrieben in die Gläser füllen.

Stachelbeer-marmelade

Zubereitungszeit: 20 Minuten (ohne Wartezeit) · Kochzeit: 4 Minuten

Für etwa 4 Gläser (Fassungsvermögen 250 ml)

Zutaten

1 kg reife Stachelbeeren
Saft von 1 Zitrone
500 g Gelierzucker (2:1)

Anmerkung

Die kleinen Stachelbeeren enthalten eine Menge Nährstoffe. Sie sind reich an Vitamin C, Folsäure und Silicium.

Zubereitung

1. Die Beeren in einem Sieb unter fließendem Wasser abbrausen, abtropfen lassen und verlesen.

2. Die Früchte in einen Topf geben und mit einem Stampfer leicht andrücken, aber nicht zerdrücken. Zucker und Zitronensaft dazugeben, unterrühren und das Ganze etwa 30 Minuten stehen lassen.

3. Die Masse zum Kochen bringen und etwa 4 Minuten unter ständigem Rühren kochen lassen. Nach der Gelierprobe die Marmelade in die vorbereiteten Gläser füllen, sofort verschließen und 5 Minuten auf dem Kopf stehen lassen.

Preiselbeermarmelade

Zubereitungszeit: 15 Minuten (ohne Wartezeit) • Kochzeit: etwa 15 Minuten

Für etwa 4 Gläser (Fassungsvermögen 250 ml)

Zubereitung

1. Die Preiselbeeren waschen, in einem Sieb abtropfen lassen, von den Rispen zupfen und verlesen.

2. Die Früchte mit dem Zitronensaft in einen Topf geben und mit einem Stampfer leicht andrücken, aber nicht vollständig zerdrücken. Den Zucker dazugeben und alles etwa 30 Minuten stehen lassen.

3. Das Früchtemus zum Kochen bringen und etwa 4 Minuten unter ständigem Rühren kochen lassen. Die Marmelade nach der Gelierprobe in die vorbereiteten Gläser füllen. Diese sofort verschließen und für 5 Minuten auf den Kopf stellen.

Zutaten

1 kg Preiselbeeren
Saft von 1 Zitrone
500 g Gelierzucker (2:1)

Zwetschgen-marmelade

Zubereitungszeit: 30 Minuten (ohne Wartezeit) · Kochzeit: 4 Minuten

Für etwa 4 Gläser (Fassungsvermögen 250 ml)

Zutaten

1 kg Zwetschgen (entsteint gewogen)
2 EL Vanillezucker
Saft von 1 Zitrone
1 kg Gelierzucker (1:1)
½ TL Zimtpulver

Anmerkung

Wenn Sie den Geschmack von Zimt sehr mögen, können Sie der Marmelade auch einen ganzen Teelöffel beifügen.

Zubereitung

1. Die Pflaumen waschen, abtropfen lassen und verlesen. Die Früchte halbieren, entsteinen und in kleine Stücke schneiden. Die Hälfte der Pflaumen in einen Topf geben, mit dem Zucker bestreuen und etwa 1 Stunde stehen lassen.

2. Die Mischung bei kleiner Hitze zu einem Mus kochen lassen. Das Mus mit den restlichen Pflaumen, Gelierzucker und Zitronensaft erneut zum Kochen bringen und etwa 4 Minuten unter ständigem Rühren kochen lassen.

3. Den aufsteigenden Schaum abschöpfen. Nach Ende der Kochzeit das Zimtpulver unterrühren.
Die Marmelade nach der Gelierprobe in die vorbereiteten Gläser füllen, sofort verschließen und 5 Minuten auf dem Kopf stehen lassen.

Orangen-marmelade

Zubereitungszeit: 20 Minuten (ohne Wartezeit) • Kochzeit: 4 Minuten

Für etwa 4 Gläser (Fassungsvermögen 250 ml)

Zubereitung

1. Die Früchte sehr heiß abspülen und trockenreiben. Die Schale von zwei Orangen mit einem Zestenreißer abziehen und das Fruchtfleisch in Filets schneiden, dabei den Saft auffangen. Die restlichen Orangen auspressen und 600 ml Orangensaft abmessen.

2. Den Saft mit Orangenschale, Fruchtfleisch, Gelierzucker und Zitronensaft in einen Topf geben und unter Rühren zum Kochen bringen. Das Ganze etwa 4 Minuten unter ständigem Rühren sprudelnd kochen lassen und den Schaum abschöpfen. Die Marmelade zügig in die vorbereiteten Gläser füllen und diese sofort verschließen. Die Gläser auf dem Kopf 5 Minuten stehen lassen.

Zutaten

1 kg Orangen
1 kg Gelierzucker (1:1)
1 EL Zitronensaft

Anmerkung

Wenn Sie das leicht bittere Aroma der typisch englischen Orangen-Marmelade mögen, verwenden Sie Bitterorangen (Pomeranzen).

Pfirsich-marmelade

Zubereitungszeit: 20 Minuten (ohne Wartezeit) • Kochzeit: 4 Minuten

Für etwa 4 Gläser (Fassungsvermögen 250 ml)

Zutaten

1 kg Pfirsiche
1 kg Gelierzucker (1:1)

Anmerkung

Weißfleischige Pfirsiche haben ein besonders feines und mildes Aroma, gelbfleischige Pfirsiche dagegen schmecken besonders fruchtig und intensiv. Welche Pfirsichsorte Sie bevorzugen, entscheidet allein Ihr Geschmack.

Zubereitung

1. Die Pfirsiche waschen und enthäuten. Dazu die Früchte kurz in sprudelnd kochendes Wasser geben, mit kaltem Wasser abschrecken, in einem Sieb abtropfen und abkühlen lassen. Anschließend die Haut abziehen.

2. Die Pfirsiche halbieren, die Kerne entfernen und das Fruchtfleisch in kleine Würfel schneiden. In einem Topf mit dem Zucker verrühren und etwa 1 Stunde ziehen lassen.

3. Das Ganze aufkochen und 4 Minuten unter Rühren sprudelnd kochen lassen. Den aufsteigenden Schaum abschöpfen.
   Die Marmelade nach der Gelierprobe rasch in die vorbereiteten Gläser füllen, sofort verschließen und für 5 Minuten auf den Kopf stellen.

Rhabarber-marmelade

Zubereitungszeit: 20 Minuten (ohne Wartezeit) • Kochzeit: 3 Minuten

Für etwa 4 Gläser (Fassungsvermögen 250 ml)

Zubereitung

1. Den Rhabarber waschen, Blätter und Stielansätze abschneiden, schälen und in kleine Stücke schneiden.

2. Die Rhabarberstücke mit dem Zucker in einem Topf zum Kochen bringen. Das Ganze unter Rühren etwa 3 Minuten sprudelnd kochen und den Schaum abschöpfen.
Die Marmelade nach der Gelierprobe rasch in die vorbereiteten Gläser füllen. Sofort verschließen und für 5 Minuten auf den Deckel stellen.

Zutaten

1 kg Rhabarber
500 g Gelierzucker (2:1)

Zitronen-marmelade

Zubereitungszeit: 20 Minuten (ohne Wartezeit) • Kochzeit: 33 Minuten

Für etwa 4 Gläser (Fassungsvermögen 250 ml)

Zutaten

1 kg Zitronen (ungespritzt)
1 kg Haushaltszucker

Zubereitung

1. Die unbehandelten Zitronen waschen und mit der Schale in dünne Scheiben schneiden. Die Kerne entfernen. Die Zitronenscheiben in einen großen Topf geben, mit Wasser bedecken und über Nacht stehen lassen.

2. Die Masse etwa 30 Minuten unter ständigem Rühren kochen lassen. Anschließend den Zucker einrühren und 3 Minuten sprudelnd kochen lassen. Den Schaum abschöpfen.

3. Die Marmelade nach der Gelierprobe in die vorbereiteten Gläser füllen. Diese sofort verschließen und 5 Minuten auf dem Kopf stehen lassen.

Kaki-marmelade

Zubereitungszeit: 20 Minuten (ohne Wartezeit) • Kochzeit: 4 Minuten

Für etwa 3 – 4 Gläser (Fassungsvermögen 250 ml)

Zubereitung

1. Kakis waschen und von den Blütenansätzen befreien. Das Fruchtfleisch mit einem Löffel aus der Schale kratzen und durch ein Haarsieb streichen. Das Fruchtfleisch sollte ein Gewicht von 1,5 kg haben.

2. Die Kakimasse mit dem Zitronensaft und dem Gelierzucker in einen Topf geben und mischen.
Die Masse aufkochen und 4 Minuten unter Rühren sprudelnd kochen lassen. Den aufsteigenden Schaum abschöpfen.
Die Marmelade nach der Gelierprobe in die Gläser füllen, sofort verschließen und 5 Minuten auf dem Kopf stehen lassen.

Zutaten

2 kg sehr reife Kakifrüchte
Saft von 1 Zitrone
500 g Gelierzucker (2:1)

Apfel-marmelade

Zubereitungszeit: 30 Minuten (ohne Wartezeit) • Kochzeit: etwa 15 Minuten

Für etwa 5 Gläser (Fassungsvermögen 250 ml)

Zutaten

1,5 kg säuerliche Äpfel
1 EL Haushaltszucker
1 – 1,25 kg Gelierzucker
(je nach Säure der Äpfel)

Zubereitung

1. Äpfel waschen, schälen, vierteln und vom Kerngehäuse befreien. Die Apfelviertel in etwa 2 cm große Stücke schneiden.

2. Die Apfelschalen mit den Kerngehäusen in einen Topf geben und in 1 L Wasser erhitzen. Das Ganze etwa 10 - 15 Minuten kochen lassen. Danach durch ein Sieb passieren und die Apfelstücke in dieser Brühe nicht zu weich kochen.

3. Die Apfelstücke durch ein Sieb gießen, in eine Schüssel füllen und mit Haushaltszucker bestreut über Nacht zugedeckt im Kühlschrank ziehen lassen.

4. Den Gelierzucker mit 400 ml Wasser in einem Topf zu einem dicken, klaren Sirup kochen. Den Sirup abschäumen und die Apfelstücke dazugeben. Das Ganze unter Rühren köcheln lassen, bis die Marmelade durchsichtig wird. Die Apfelmarmelade nach der Gelierprobe in Gläser füllen und sofort verschließen.

Quitten-marmelade

Zubereitungszeit: 30 Minuten (ohne Wartezeit) • Kochzeit: 3 Minuten

Für etwa 4 Gläser (Fassungsvermögen 250 ml)

Zubereitung

1. Quitten schälen und in kleine Stücke schneiden. Die Früchte in einem Topf mit etwas Wasser in etwa 10 - 15 Minuten weich kochen. Anschließend mit dem Pürierstab pürieren.

2. Den Gelierzucker dazugeben und 3 Minuten sprudelnd kochen lassen. Nach der Kochzeit den Zimt hinzufügen. Gelierprobe machen und sofort in die vorbereiteten Gläser abfüllen. Auf dem Kopf 5 Minuten stehen lassen.

Zutaten

1 kg Quitten
500 g Gelierzucker (2:1)
½ TL Zimt

Anmerkung

Die Quittenfrucht enthält viel Vitamin C, Kalium, Natrium, Zink, Eisen, Kupfer, Mangan, Fluor, Tannine, Gerbsäure, organische Säuren und Pektin.

Mehrfrucht-Marmeladen

Apfel-Birne-Marmelade

Zubereitungszeit: 15 Minuten (ohne Wartezeit) • Kochzeit: 4 Minuten

Für etwa 4 Gläser (Fassungsvermögen 250 ml)

Zutaten

500 g Äpfel
500 g Birnen
Saft von 1 Zitrone
500 g Gelierzucker (2:1)
1 EL Vanillezucker

Anmerkung

Verwenden Sie Williams-Christ-Birnen. Diese Birnensorte ist besonders aromatisch und saftig.

Zubereitung

1. Das Obst waschen, schälen, vierteln und vom Kerngehäuse befreien. Die Apfel- und Birnenviertel in Stücke schneiden. Das Obst mit dem Zitronensaft begießen und in einen Topf geben.

2. Die Obststücke mit dem Gelierzucker zum Kochen bringen und das Ganze unter ständigem Rühren 4 Minuten sprudelnd kochen lassen. Den entstehenden Schaum abschöpfen. Nach dem Kochvorgang den Vanillezucker unterrühren und die Marmelade rasch in die vorbereiteten Gläser füllen. Die Gläser 5 Minuten auf dem Kopf stehen lassen.

Apfel-Kürbis-Marmelade

Zubereitungszeit: 40 Minuten (ohne Wartezeit) • Kochzeit: etwa 4 Minuten

Für etwa 4 Gläser (Fassungsvermögen 250 ml)

Zubereitung

1. Das Kürbisfleisch in Stücke schneiden und in einem Topf mit wenig Wasser für etwa 10 Minuten köcheln. Die Masse etwas abkühlen lassen, Zitronen- und Apfelsaft dazugeben und mit einem Pürierstab pürieren.

2. Die Äpfel waschen, schälen, vierteln und vom Kerngehäuse befreien. Die Apfelviertel in nicht zu kleine Stücke schneiden und zusammen mit der Kürbismasse in einen Topf geben.

3. Den Gelierzucker dazugeben und das Ganze sprudelnd etwa 4 Minuten kochen lassen. Die Marmelade während des Kochvorgangs rühren. Nach der Gelierprobe die Marmelade in Gläser füllen und 5 Minuten auf dem Kopf stehen lassen.

Zutaten

500 g Kürbisfleisch
Saft von 1 Zitrone
500 ml Apfelsaft
500 g Äpfel
500 g Gelierzucker (2:1)

Anmerkung

Wenn Sie mögen, können Sie dieser Marmelade auch einen Hauch von Zimt beifügen. Dazu können Sie entweder nach dem Kochvorgang Zimtpulver (Menge nach Belieben) unterrühren oder Sie lassen eine Zimtstange mitkochen. Diese nach dem Kochvorgang entfernen.

Mirabellen-Mango-Marmelade

Zubereitungszeit: 20 Minuten (ohne Wartezeit) • Kochzeit: etwa 5 Minuten

Für etwa 4 Gläser (Fassungsvermögen 250 ml)

Zutaten

600 g Mirabellen (entsteint gewogen)
400 g Mango-Fruchtfleisch
Saft von ½ Zitrone
500 g Gelierzucker (2:1)

Anmerkung

Achten Sie beim Einkauf der Mangos auf folgendes: Die Früchte sollten nicht zu fest, aber auch nicht zu weich sein. Das können Sie leicht mit den Händen durch Abtasten prüfen. Schwarze Flecken an der Frucht zeigen, dass diese sehr reif ist.

Zubereitung

1. Die Mirabellen waschen, abtropfen lassen, halbieren und entsteinen. Die Mirabellenhälften vierteln. Das Fruchtfleisch der Mangos in Stücke schneiden.

2. Die Früchte zusammen mit dem Zitronensaft und dem Gelierzucker in einen Topf geben und aufkochen lassen. Das Ganze unter ständigem Rühren 5 Minuten kochen lassen und abschäumen. Nach der Gelierprobe die Marmelade sofort in Gläser füllen und für 5 Minuten auf den Kopf stellen.

Kirsch-Johannisbeer-Stachelbeer-Marmelade

Zubereitungszeit: 35 Minuten (ohne Wartezeit) • Kochzeit: etwa 3 Minuten

Für etwa 4 Gläser (Fassungsvermögen 250 ml)

Zubereitung

1. Das Obst waschen und in einem Sieb abtropfen lassen. Stachelbeeren und Kirschen halbieren. Die Kirschen entsteinen. Johannisbeeren mit einer Gabel von den Rispen streifen.

2. Die Früchte mit Honig und Gelierzucker in einen Topf geben. Alles miteinander verrühren und etwa 2 Stunden stehen lassen.

3. Das Ganze unter Rühren aufkochen und dann etwa 3 Minuten sprudelnd kochen lassen, dabei ständig umrühren. Den Schaum abschöpfen und die Marmelade nach der Gelierprobe in die vorbereiteten Gläser füllen. Die Gläser fest verschließen und 5 Minuten umgedreht stehen lassen.

Zutaten

800 g Sauerkirschen (entsteint gewogen)
300 g Schwarze Johannisbeeren
300 g Stachelbeeren
2 EL Honig
600 g Gelierzucker (2:1)

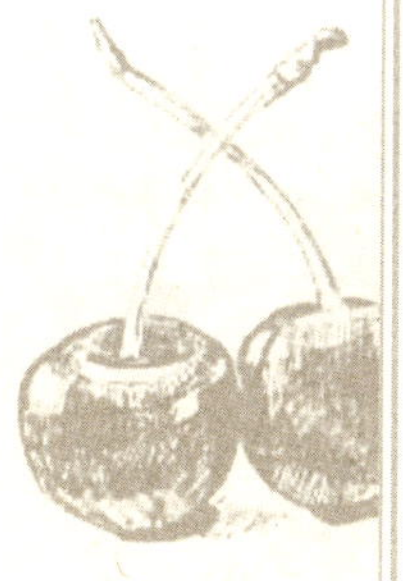

Erdbeer
370 g
Hergestellt aus 50 g Frucht je 100 g
Gesamtzuckergehalt 65 g je 100 g
Zutaten: Erdbeeren, Zucker,
Erdbeer mit grünem
240 g
Geliermittel, Pektin, Säuerungsmittel
Herst: G. Sprenger, 76889
340 g
Kirschen mit Bananen
Hergestellt aus 50 g Frucht je 100 g
Gesamtzuckergehalt 65 g je 100 g
Zutaten: Weichselkirschen, Banane, Zucker
Geliermittel, Pektin, Säuerungsmittel Citronensäure
Mindestens haltbar bis 15.06.11
Herst: G. Sprenger, 76889 Dörrenbach, Talstr.23
Sauerkirsch mit Rotwein
370 g

Erdbeer – Sekt
Hergestellt aus 50 g Frucht je 100 g
Gesamtzuckergehalt 65 g je 100 g
Zutaten: Erdbeeren, Sekt, Zucker,
Geliermittel, Pektin, Säuerungsmittel Citronensäure
Mindestens haltbar bis 15.06.11
Herst: G. Sprenger, 76889 Dörrenbach, Talstr.23
ERDBEER
- RHABARBER
Kirschen mit
400 g
Geliermittel, Pektin
240 g
Hergestellt aus 45 g Saft je 100 g
Gesamtzuckergehalt 62 g je 100 g
Zut:Traubensaft, Rotwein, Brandy ,Zucker,
Geliermittel Pektin,Säuerungsmittel Citronensäure
Mindestens haltbar bis 15.07.11
Herst: G. Sprenger, 76889 Dörrenbach, Talstr.

Sauerkirsch-Pflaumen Marmelade

Zubereitungszeit: 40 Minuten (ohne Wartezeit) · Kochzeit: etwa 4 Minuten

Für etwa 4 Gläser (Fassungsvermögen 250 ml)

Zutaten

800 g Sauerkirschen (entsteint gewogen)
500 g Pflaumen (entsteint gewogen)
600 g Gelierzucker
2 Vanillestangen

Zubereitung

1. Die Früchte waschen, in einem Sieb abtropfen lassen, halbieren, verlesen und entsteinen. Die Pflaumen vierteln.

2. Die Hälfte der Kirschen mit dem Zucker in einen Topf geben und etwa 1 Stunde stehen lassen. Dann bei kleiner Hitze zu einem Mus kochen. Die Vanillestangen längs aufschneiden und das Vanillemark mit einem spitzen Messer auskratzen und beiseite stellen.

3. Dann die übrigen Früchte mit Vanillemark und den ausgekratzten Stangen zu dem Mus geben, aufkochen und unter ständigem Rühren etwa 4 Minuten sprudelnd kochen lassen.
Den aufsteigenden Schaum abschöpfen. Nach der Gelierprobe die Vanillestangen entfernen. Die Marmelade sofort in die Gläser füllen, fest verschließen, auf den Kopf stellen und 5 Minuten stehen lassen.

Äpfel-Bananen-Clementinen-Marmelade

Zubereitungszeit: 20 Minuten (ohne Wartezeit) • Kochzeit: etwa 5 Minuten

Für etwa 4 Gläser (Fassungsvermögen 250 ml)

Zubereitung

1. Die Äpfel waschen, vierteln, vom Kerngehäuse befreien und in kleine Stücke schneiden. Die Bananen schälen und ebenfalls in kleine Stücke schneiden. Das Obst in einen Topf geben.

2. Einen Teil der Clementinen zu einer Menge von 400 ml Saft auspressen und zu den klein geschnittenen Früchten geben. Die restlichen Clementinen schälen, das Fruchtfleisch in kleine Stücke schneiden und in den Topf zu den übrigen Früchten geben. Es sollte insgesamt eine Fruchtmenge von 1 kg entstehen.

3. Den Gelierzucker und die Vanillestange unter das Obst rühren und das Ganze unter Rühren aufkochen. Anschließend etwa 6 Minuten sprudelnd kochen lassen. Nach der Gelierprobe die Vanilleschote entfernen. Die Marmelade sofort in die vorbereiteten Gläser füllen und verschließen. Die Gläser auf den Kopf stellen und 5 Minuten stehen lassen.

Zutaten

600 g Äpfel
400 g Bananen
800 g-1 kg Clementinen
600 g Gelierzucker (2:1)
1 Vanillestange

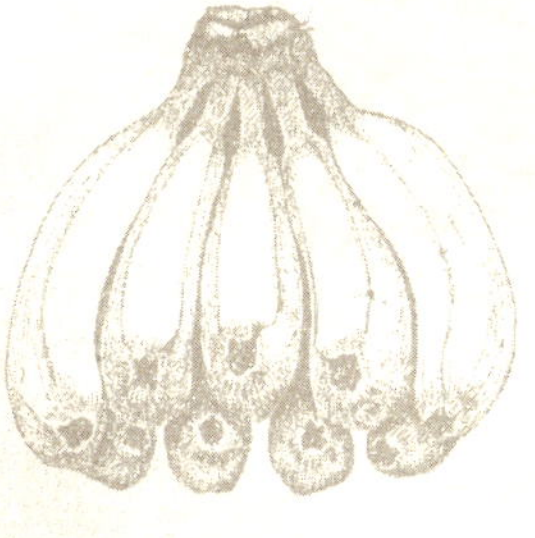

Kiwi-Orangen-Marmelade

Zubereitungszeit: 25 Minuten (ohne Wartezeit) • Kochzeit: etwa 3 Minuten

Für etwa 4 Gläser (Fassungsvermögen 250 ml)

Zutaten

600 g Kiwis
400 g Orangen
500 g Gelierzucker (2:1)

Anmerkung

Die Kiwi ist zweimal so reich an Vitamin C wie eine Orange und hat zudem einen sehr hohen Vitamin-E-Gehalt, doppelt so viel wie z. B. eine Avocado.

Zubereitung

1. Kiwis schälen und das Fruchtfleisch in dünne Scheiben schneiden. Die Hälfte mit einer Gabel zerdrücken. Die Orangen schälen, halbieren, das Fruchtfleisch filetieren (von den Häuten befreien), eventuell vorhandene Kerne entfernen, und klein schneiden, dabei den Fruchtsaft auffangen. Die Früchte und den Saft in einem Topf vermischen.

2. Den Gelierzucker zu den Früchten in den Topf geben und das Ganze unter Rühren aufkochen. Etwa 3 Minuten sprudelnd kochen lassen.
   Die Marmelade nach der Gelierprobe zügig in die vorbereiteten Gläser füllen und diese sofort verschließen. Die Gläser 5 Minuten auf dem Kopf stehen lassen.

Erdbeer-Rhabarber-Marmelade

Zubereitungszeit: 25 Minuten (ohne Wartezeit) • Kochzeit: etwa 3 Minuten

Für etwa 4 Gläser (Fassungsvermögen 250 ml)

Zutaten

750 g Erdbeeren
250 g Rhabarber
Saft von ½ Zitrone
500 g Gelierzucker (2:1)

Anmerkung

Beim Einkauf von Rhabarber sollten Sie darauf achten, dass die Stangen fest und an den Schnittstellen nicht ausgetrocknet sind.

Zubereitung

1. Erdbeeren waschen, in einem Sieb abtropfen lassen, von den Stielansätzen befreien, verlesen und halbieren. Die Erdbeeren in einen Topf geben, mit dem Gelierzucker verrühren und anschließend mit dem Pürierstab pürieren.

2. Den Rhabarber waschen, Blätter und Stielansätze entfernen, schälen und in kleine Stücke schneiden. Die Rhabarberstücke mit dem Zitronensaft unter die Erdbeermasse mischen.

3. Das Ganze in einem Topf zum Kochen bringen. Die Erdbeer-Rhabarber-Marmelade unter Rühren etwa 3 Minuten sprudelnd kochen und den entstehenden Schaum abschöpfen.
Die Marmelade zügig in Gläser füllen. Diese sofort verschließen und für 5 Minuten auf den Deckel stellen.

Himbeer-Kirsch-Johannisbeer-Marmelade

Zubereitungszeit: 40 Minuten (ohne Wartezeit) • Kochzeit: etwa 4 Minuten

Für etwa 5–6 Gläser (Fassungsvermögen 250 ml)

Zubereitung

1. Die Himbeeren verlesen. Kirschen und Johannisbeeren waschen, abtropfen lassen und verlesen. Die Kirschen halbieren und entsteinen. Die Johannisbeeren mit einer Gabel von den Rispen streichen.

2. Die Hälfte der Früchte mit etwas Wasser in einem Topf zu feinem Mus kochen lassen. Dann die übrigen Früchte und den Zucker dazugeben und unter Rühren zum Kochen bringen.

3. Das Ganze etwa 4 Minuten unter ständigem Rühren kochen lassen. Den aufsteigenden Schaum abschöpfen. Den Topf von der Herdplatte ziehen und nach der Gelierprobe in die vorbereiteten Gläser füllen und fest verschließen. Die Gläser 5 Minuten auf dem Kopf stehen lassen.

Zutaten

500 g Himbeeren
500 g Kirschen
500 g Rote Johannisbeeren
Saft von 1 Zitrone
1 ½ kg Gelierzucker (1:1)

Brombeer-Schwarze-Johannisbeer-Heidelbeer-Marmelade

Zubereitungszeit: 40 Minuten (ohne Wartezeit) • Kochzeit: etwa 4 Minuten

ür etwa 5–6 Gläser (Fassungsvermögen 250 ml)

Zubereitung

1. Die Brombeeren unter fließendem Wasser abbrausen, abtropfen lassen und verlesen. Johannis- und Heidelbeeren ebenfalls abbrausen, abtropfen lassen und mit einer Gabel von den Rispen streichen.

2. Die Früchte in einem Topf mit dem Gelierzucker bestreuen, verrühren und etwa 2 Stunden ziehen lassen. Dann die Vanillestangen dazugeben und das Ganze zum Kochen bringen. Unter ständigem Rühren etwa 4 Minuten sprudelnd kochen lassen. Nach der Gelierprobe die Vanillestangen entfernen und die Marmelade sofort in die Gläser füllen. Auf den Kopf stellen und 5 Minuten stehen lassen.

Zutaten

500 g Brombeeren
500 g Schwarze Johannisbeeren
500 g Heidelbeeren
2 Vanillestangen
1 ½ kg Gelierzucker (1:1)

Aprikose-Limetten-Marmelade

Zubereitungszeit: 20 Minuten (ohne Wartezeit) • Kochzeit: etwa 2 Minuten

Für etwa 4 Gläser (Fassungsvermögen 250 ml)

Zutaten

1 kg Aprikosen
1 Limette
1 kg Gelierzucker (1:1)

Zubereitung

1. Aprikosen waschen, halbieren, entkernen und in Stücke schneiden. Von der Limette die Schale abreiben und den Saft auspressen.

2. Die Aprikosenstücke in einen Topf geben und mit der Limettenschale, dem Limettensaft und dem Zucker verrühren. Die Mischung stehen lassen, bis sich etwas Flüssigkeit gebildet hat.

3. Das Ganze unter Rühren zum Kochen bringen. Dann etwa 2 Minuten sprudelnd kochen lassen. Den entstehenden Schaum abschöpfen.
   Die Marmelade nach der Gelierprobe zügig in Gläser füllen, sofort verschließen und 5 Minuten auf dem Kopf stehen lassen.

Ananas-Pfirsich-Marmelade

Zubereitungszeit: 20 Minuten (ohne Wartezeit) • Kochzeit: etwa 4 Minuten

Für etwa 4 Gläser (Fassungsvermögen 250 ml)

Zubereitung

1. Ananas schälen, in Scheiben schneiden, Strunk entfernen und das Fruchtfleisch in kleine Würfel schneiden.
   Die Pfirsiche waschen, die Pfirsichhaut abziehen, halbieren, entsteinen und in Stücke schneiden.

2. Alle Zutaten in einen Topf geben, vermischen und abgedeckt etwa 30 Minuten ziehen lassen.

3. Das Ganze aufkochen und 4 Minuten unter ständigem Rühren sprudelnd kochen lassen. Den aufsteigenden Schaum abschöpfen.
   Den Topf von der Herdplatte ziehen und nach der Gelierprobe zügig in die vorbereiteten Gläser füllen. Diese sofort verschließen und 5 Minuten auf dem Kopf stehen lassen.

Zutaten

700 g Ananas-Fruchtfleisch (geschält gewogen)
300 g reife Pfirsiche (entkernt gewogen)
Saft von ½ Zitrone
500 g Gelierzucker (2:1)

Aprikose-Honigmelone-Marmelade

Zubereitungszeit: 20 Minuten (ohne Wartezeit) • Kochzeit: etwa 3 Minuten

Für etwa 4 Gläser (Fassungsvermögen 250 ml)

Zutaten

700 g Aprikosen (entsteint gewogen)
300 g Honigmelone (Fruchtfleisch)
500 g Gelierzucker (2:1)
Saft von 1 Zitrone

Zubereitung

1. Die Aprikosen waschen, abtropfen lassen, halbieren, entsteinen und in kleine Stücke schneiden. Das Fruchtfleisch der Honigmelone ebenfalls in kleine Stücke schneiden.

2. Das klein geschnittene Obst mit dem Gelierzucker und dem Zitronensaft in einem Topf vermischen und unter Rühren zum Kochen bringen. Das Ganze etwa 3 Minuten sprudelnd kochen lassen. Die Marmelade nach der Gelierprobe rasch in Gläser füllen und sofort verschließen. Auf dem Kopf etwa 5 Minuten stehen lassen.

Birnen-Mango-Marmelade

Zubereitungszeit: 30 Minuten (ohne Wartezeit) • Kochzeit: etwa 4 Minuten

Für etwa 4 Gläser (Fassungsvermögen 250 ml)

Zubereitung

1. Die Mango schälen, den Stein entfernen und das Fruchtfleisch mit dem Pürierstab fein pürieren.
   Die Birnen waschen, schälen, halbieren und vom Kerngehäuse befreien. Die Birnenhälften in kleine Stücke schneiden und mit dem Mangopüree und dem Gelierzucker in einem großen Topf mischen. Zugedeckt über Nacht im Kühlschrank ziehen lassen.

2. Am Folgetag das Ganze zum Kochen bringen und etwa 4 Minuten unter Rühren sprudelnd kochen lassen. Die Marmelade nach der Gelierprobe zügig in die vorbereiteten Gläser füllen. Sofort verschließen und 5 Minuten auf dem Deckel stehen lassen.

Zutaten

175 g Mango
(geputzt gewogen)
825 g aromatische Birnen
(geputzt gewogen)
1 kg Gelierzucker (1:1)

Brombeer-Äpfel-Marmelade

Zubereitungszeit: 20 Minuten (ohne Wartezeit) • Kochzeit: etwa 4 Minuten

Für etwa 4 Gläser (Fassungsvermögen 250 ml)

Zutaten

500 g Brombeeren
500 g Äpfel
500 g Gelierzucker (2:1)

Zubereitung

1. Die Brombeeren verlesen und putzen. Die Äpfel schälen, vierteln und vom Kerngehäuse befreien. Die Apfelviertel in kleine Stücke schneiden und mit dem Gelierzucker in einem Topf gründlich vermischen und etwa 2 Stunden ziehen lassen.

2. Brombeeren zu den Äpfeln geben, unter Rühren aufkochen und etwa 4 Minuten sprudelnd kochen lassen. Die Marmelade nach der Gelierprobe zügig in Gläser füllen, sofort verschließen und 5 Minuten auf dem Kopf stehen lassen.

Brombeer-Birnen-Marmelade

Zubereitungszeit: 20 Minuten (ohne Wartezeit) • Kochzeit: etwa 4 Minuten

Für etwa 4 Gläser (Fassungsvermögen 250 ml)

Zubereitung

1. Die Brombeeren verlesen und putzen. Die Birnen schälen, halbieren und vom Kerngehäuse befreien. Die Birnenhälften grob reiben. Die geraspelten Früchte mit dem Gelierzucker in einem Topf gründlich vermischen und etwa 2 Stunden ziehen lassen.

2. Die restlichen Zutaten zu den Birnen geben und das Ganze unter Rühren aufkochen und etwa 4 Minuten sprudelnd kochen lassen. Nach der Gelierprobe die Vanillestangen entfernen und die Marmelade zügig in die vorbereiteten Gläser füllen, auf dem Kopf 5 Minuten stehen lassen.

Zutaten

600 g Brombeeren
400 g Birnen
500 g Gelierzucker (2:1)
2 Vanillestangen

Ebereschenbeeren-Äpfel-Marmelade

Zubereitungszeit: 45 Minuten (ohne Wartezeit) • Kochzeit: etwa 4 Minuten

Für etwa 4 Gläser (Fassungsvermögen 250 ml)

Zutaten

600 g Ebereschenbeeren
4 EL Essigessenz
400 g Äpfel (geschält und entkernt gewogen)
1 kg Gelierzucker (1:1)
2 Vanillestangen
1 Zimtstange

Anmerkung

Um den etwas bitteren Geschmack der Ebereschenbeeren abzumildern, legen Sie die gewaschenen Ebereschenbeeren für 24 Stunden in die Tiefkühltruhe.

Zubereitung

1. Die Beeren waschen, abtropfen lassen und in eine Schüssel geben. Essigessenz mit 500 ml Wasser mischen, über die Beeren gießen und über Nacht stehen lassen. Anschließend abschütten, in einen Topf geben und mit frischem Wasser etwa 15–20 Minuten weich kochen.

2. Die Beeren durch ein Sieb abgießen und mit einem Kartoffelstampfer etwas zerdrücken. Die Äpfel schälen, vierteln, vom Kerngehäuse befreien und in kleine Stücke schneiden.

3. Alle Zutaten in einen Topf geben und unter Rühren zum Kochen bringen. Das Ganze 4 Minuten sprudelnd kochen lassen. Den aufsteigenden Schaum abschöpfen. Nach der Gelierprobe die Vanille- und Zimtstangen entfernen und die Marmelade rasch in Gläser füllen. Die Gläser 5 Minuten auf dem Kopf stehen lassen.

Preiselbeer-Birnen-Marmelade

Zubereitungszeit: 25 Minuten (ohne Wartezeit) • Kochzeit: etwa 4 Minuten

Für etwa 4 Gläser (Fassungsvermögen 250 ml)

Zubereitung

1. Preiselbeeren waschen, verlesen und in einem Sieb gut abtropfen lassen. Die Birnen waschen, schälen, vierteln und vom Kerngehäuse befreien.
   Die Birnenviertel in sehr kleine Stücke schneiden. Vanilleschote längs aufschneiden und das Vanillemark mit einem spitzen Messer herauskratzen.

2. Das vorbereitete Obst mit Vanillemark und -schote sowie Gelierzucker in einem Topf mischen und unter gelegentlichem Rühren zum Kochen bringen. Das Ganze etwa 4 Minuten unter Rühren sprudelnd kochen.
   Nach der Gelierprobe die Vanilleschote entfernen.
   Die Marmelade zügig in Gläser füllen, diese sofort verschließen und 5 Minuten auf dem Kopf stehen lassen.

Zutaten

750 g Preiselbeeren
250 g Birnen
1 Vanilleschote
1 kg Gelierzucker (1:1)

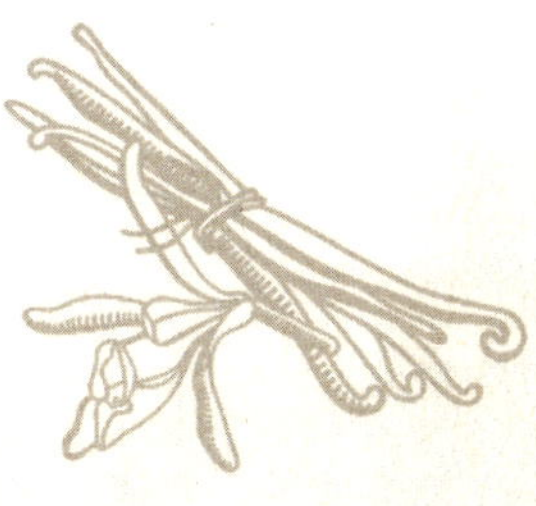

Marmeladen aus Gemüse

Kürbis-marmelade

Zubereitungszeit: 50 Minuten (ohne Wartezeit) • Kochzeit: etwa 4 Minuten

Für etwa 4 Gläser (Fassungsvermögen 250 ml)

Zutaten

1 kg Kürbis (Fruchtfleisch)
250 g Gelierzucker (3:1)
1 Zimtstange
20 ml Weißwein
½ EL abgeriebene Zitronenschale

Anmerkung

Mit seiner enormen Sortenvielfalt ist der Kürbis in der Küche vielseitig wie kaum ein anderes Gemüse. Bei dem Hokkaido kann die dünne, zarte Schale mitgegessen werden und Sie können auf das doch recht aufwändige Schälen des Kürbisses verzichten.

Zubereitung

1. Das Kürbisfleisch in Stücke schneiden und in einem Topf mit 20 ml Wasser bei mäßiger Hitze weich kochen. Die Masse durch ein Sieb streichen.

2. Alle Zutaten in einen Topf geben, vermischen und 15 Minuten ziehen lassen. Dann unter ständigem Rühren zu einer breiigen Masse kochen und den Schaum abschöpfen. Die Zimtstange nach Ende der Kochzeit entfernen.
   Die Marmelade nach der Gelierprobe rasch in die Gläser füllen und sofort verschließen. Die Gläser auf dem Kopf 5 Minuten stehen lassen.

Tomaten-marmelade

Zubereitungszeit: 50 Minuten (ohne Wartezeit) • Kochzeit: etwa 4 Minuten

Für etwa 4 Gläser (Fassungsvermögen 250 ml)

Zubereitung

1. Die Tomaten mit kochendem Wasser übergießen und die Haut abziehen. Anschließend halbieren, von den Stielansätzen befreien und entkernen. Die Tomaten in Stücke schneiden und den Saft dabei auffangen. Die Kräuter abbrausen, gut trockenschütteln und zu einem Bouquet zusammenbinden.

2. Tomatenstücke mit Tomaten- und Zitronensaft in einen Topf geben. Die Kräuter hinzugeben und das Ganze aufkochen. Unter ständigem Rühren etwa 4 Minuten sprudelnd kochen lassen und den aufsteigenden Schaum abschöpfen. Nach der Gelierprobe die Kräuter entfernen und zügig in die vorbereiteten Gläser füllen. Auf den Kopf stellen und für 5 Minuten stehen lassen.

Zutaten

1 kg Tomaten (enthäutet und entkernt gewogen)
1 gemischtes Bund Thymian, Minze, Koriander
Saft von 1 Zitrone
500 g Gelierzucker (2:1)

Anmerkung

Die Tomatenmarmelade vor dem Verzehr einige Tage stehen lassen.

Karotten-marmelade

Zubereitungszeit: 40 Minuten (ohne Wartezeit) • Kochzeit: etwa 5 Minuten

Für etwa 4 Gläser (Fassungsvermögen 250 ml)

Zutaten

1 kg Karotten
Saft von 1 Zitrone
500 g Gelierzucker (2:1)

Zubereitung

1. Die Karotten schälen, waschen und in kleine Stücke schneiden. Die Karotten in einem Topf mit etwas Wasser weich kochen.

2. Den Zitronensaft und den Gelierzucker zu den Karotten geben und aufkochen lassen. Unter ständigem Rühren das Ganze etwa 5 Minuten sprudelnd kochen lassen. Den aufsteigenden Schaum abschöpfen. Nach der Gelierprobe die Marmelade rasch in die vorbereiteten Gläser füllen, sofort verschließen und auf dem Kopf 5 Minuten stehen lassen.

Anmerkung

Wenn Sie mögen, können Sie der Marmelade 50 g fein geriebenen Ingwer hinzufügen. Das ergibt ein pikantes Aroma.

Karotten-Äpfel-Marmelade

Zubereitungszeit: 40 Minuten (ohne Wartezeit) • Kochzeit: etwa 5 Minuten

Für etwa 4 Gläser (Fassungsvermögen 250 ml)

Zubereitung

1. Karotten und Äpfel schälen und waschen. Die Äpfel vierteln und die Kerngehäuse entfernen. Karotten und Äpfel fein raspeln und in einen Topf geben.

2. Apfelsaft und Gelierzucker dazugeben und das Ganze aufkochen. Unter ständigem Rühren 4 Minuten sprudelnd kochenlassen. Den entstehenden Schaum abschöpfen. Nach der Gelierprobe sofort in die vorbereiteten Gläser abfüllen, verschließen und für 5 Minuten auf den Kopf stellen.

Zutaten

600 g Karotten
400 g Äpfel
Saft von 1 Zitrone
300 ml Apfelsaft
500 g Gelierzucker (2:1)

Besondere Marmeladen

Clementinenmarmelade mit frischem Koriander

Zubereitungszeit: 25 Minuten (ohne Wartezeit) • Kochzeit: etwa 4 Minuten

Für etwa 4 Gläser (Fassungsvermögen 250 ml)

Zutaten

1 kg Clementinen (unbehandelt)
3 Zitronen (unbehandelt)
1 EL Koriander
1 kg Gelierzucker (1:1)

Zubereitung

1. Clementinen und Zitronen heiß abwaschen und abtropfen lassen. Die Schalen von einer Clementine und einer Zitrone fein abreiben und die Schalen beiseite stellen. Die Zitronen auspressen. Die Clementinen schälen und das Fruchtfleisch filetieren. Den Koriander mit dem Mörser fein zerstoßen.

2. Alle Zutaten in einem Topf zum Kochen bringen und etwa 4 Minuten unter ständigem Rühren kochen lassen. Den entstehenden Schaum abschöpfen. Kurz vor Ende der Kochzeit die Clementinen- und Zitronenschale unterrühren.

3. Den Topf von der Herdplatte ziehen und die Marmelade nach der Gelierprobe in die vorbereiteten Gläser füllen. Diese sofort verschließen und 5 Minuten auf dem Kopf stehen lassen.

Kürbis-Aprikosen-Marmelade

Zubereitungszeit: 45 Minuten (ohne Wartezeit) • Kochzeit: etwa 3 Minuten

Für etwa 4 Gläser (Fassungsvermögen 250 ml)

Zubereitung

1. Das Kürbis-Fruchtfleisch in etwa 2 cm große Stücke schneiden. Die Aprikosen in Streifen schneiden. Die Vanilleschoten längs aufschneiden und das Vanillemark mit einem spitzen Messer auskratzen.

2. Kürbisstücke mit Aprikosen und Orangensaft in einen Topf geben und bei milder Hitze unter häufigem Rühren in etwa 20 Minuten weich kochen.

3. Das Ganze mit dem Pürierstab pürieren. Vanillemark, Zitronensaft und Gelierzucker untermischen. Unter Rühren aufkochen und etwa 3 Minuten sprudelnd kochen lassen. Den entstehenden Schaum abschöpfen. Den Topf von der Herdplatte ziehen und die Marmelade nach der Gelierprobe zügig in Gläser füllen. Die Gläser sofort fest verschließen und für 5 Minuten auf den Deckel stellen.

Zutaten

750 g Kürbis (Fruchtfleisch)
250 g Aprikosen (getrocknet)
3 Vanilleschoten
500 ml Orangensaft
3 EL Zitronensaft
500 g Gelierzucker (2:1)

Rhabarbermarmelade mit Vanille

Zubereitungszeit: 25 Minuten (ohne Wartezeit) • Kochzeit: etwa 3 Minuten

Für etwa 4 Gläser (Fassungsvermögen 250 ml)

Zutaten

1 kg Rhabarber (geputzt gewogen)
4 Vanilleschoten
Saft von ½ Zitrone
500 g Gelierzucker (2:1)

Zubereitung

1. Den Rhabarber waschen, abziehen und in 2 cm lange Stücke schneiden. Die Vanilleschoten längs aufschneiden und mit einem spitzen Messer das Vanillemark auskratzen.

2. Die Rhabarberstücke mit Vanillemark und Gelierzucker in einen Topf geben und alles miteinander verrühren. Das Ganze zum Kochen bringen und unter Rühren etwa 3 Minuten sprudelnd kochen lassen. Den aufsteigenden Schaum abschöpfen. Den Topf von der Herdplatte ziehen und die Marmelade nach der Gelierprobe zügig in Gläser füllen.
Die Gläser sofort fest verschließen und für 5 Minuten auf den Deckel stellen.

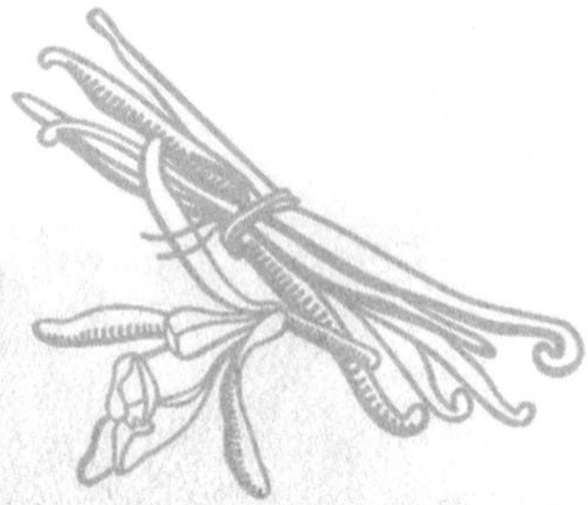

Aprikosenmarmelade mit Kokos

Zubereitungszeit: 20 Minuten (ohne Wartezeit) • Kochzeit: etwa 3 Minuten

Für etwa 4 Gläser (Fassungsvermögen 250 ml)

Zubereitung

1. Die Aprikosen waschen, halbieren und entkernen. Die Aprikosenhälften in kleine Stücke schneiden.

2. Die Aprikosenstücke mit Zitronensaft und Gelierzucker in einen Topf geben, verrühren und aufkochen lassen. Das Ganze 3 Minuten sprudelnd kochen lassen und den aufsteigenden Schaum abschöpfen. Den Topf von der Herdplatte ziehen und die Kokosraspel unter die Marmelade rühren. Die Marmelade nach der Gelierprobe rasch in die vorbereiteten Gläser füllen. Die Gläser sofort fest verschließen und für 5 Minuten auf den Deckel stellen.

Zutaten

1 kg Aprikosen (entsteint gewogen)
Saft von ½ Zitrone
500 g Gelierzucker (2:1)
4 EL Kokosraspel

Johannisbeermarmelade mit Ingwer

Zubereitungszeit: 15 Minuten (ohne Wartezeit) · Kochzeit: etwa 4 Minuten

Für etwa 4 Gläser (Fassungsvermögen 250 ml)

Zutaten

1 kg Johannisbeeren
50 g Ingwer
Saft von ½ Zitrone
500 g Gelierzucker (2:1)

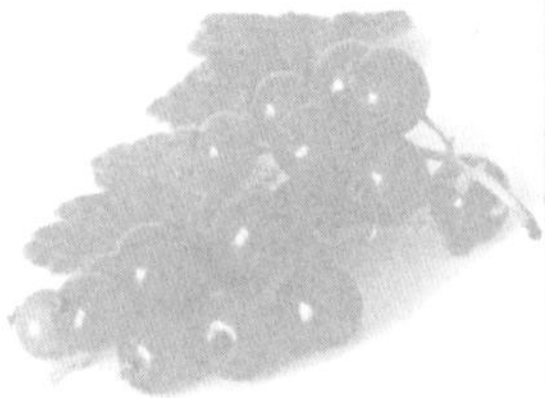

Zubereitung

1. Die Johannisbeeren waschen, abtropfen lassen, mit einer Gabel von den Rispen abziehen und verlesen. Den Ingwer schälen und fein reiben.

2. Johannisbeeren mit Zitronensaft und Gelierzucker in einen Topf geben, mit einem Stampfer leicht zerdrücken (die Früchte sollen aber noch erkennbar sein) und abgedeckt etwa 30 Minuten ziehen lassen.

3. Das Ganze aufkochen und etwa 4 Minuten unter Rühren sprudelnd kochen lassen. Den aufsteigenden Schaum mit einer Schöpfkelle abschöpfen.
Nach der Gelierprobe den Ingwer unter die Marmelade rühren und diese sofort in die vorbereiteten Gläser füllen. Verschließen und 5 Minuten auf dem Kopf stehen lassen.

Stachelbeermarmelade mit Meerrettich

Zubereitungszeit: 15 Minuten (ohne Wartezeit) • Kochzeit: etwa 4 Minuten

Für etwa 4 Gläser (Fassungsvermögen 250 ml)

Zubereitung

1. Die Stachelbeeren waschen, in einem Sieb abtropfen lassen und verlesen. Den Meerrettich schälen und fein reiben.

2. Die Stachelbeeren mit Zitronensaft und Gelierzucker in einen Topf geben, mit einem Stampfer leicht zerdrücken (die Früchte sollen aber noch erkennbar sein) und abgedeckt etwa 30 Minuten ziehen lassen.

3. Das Ganze aufkochen und etwa 4 Minuten unter Rühren sprudelnd kochen lassen. Den aufsteigenden Schaum mit einer Schöpfkelle abschöpfen.
   Nach der Gelierprobe den Meerrettich unter die Marmelade rühren und diese sofort in die vorbereiteten Gläser füllen. Verschließen und 5 Minuten auf dem Kopf stehen lassen.

Zutaten

1 kg Stachelbeeren
50 g frischen Meerrettich
Saft von ½ Zitrone
500 g Gelierzucker (2:1)

Nektarinenmarmelade mit Pinienkernen

Zubereitungszeit: 20 Minuten (ohne Wartezeit) · Kochzeit: etwa 3 Minuten

Für etwa 4 Gläser (Fassungsvermögen 250 ml)

Zutaten

1 kg Nektarinen (geputzt gewogen)
40 g Pinienkerne
Saft von ½ Zitrone
500 g Gelierzucker (2:1)
1 EL Blütenhonig

Zubereitung

1. Die Nektarinen schälen, falls notwendig entkernen, das Fruchtfleisch filetieren und in kleine Stücke schneiden. Die Pinienkerne in einer Pfanne ohne Zugabe von Fett leicht anrösten.

2. Die Nektarinen mit dem Gelierzucker und Zitronensaft in einen Topf geben und verrühren. Das Ganze unter Rühren aufkochen und etwa 3 Minuten sprudelnd kochen lassen und den dabei entstehenden Schaum mit einer Schöpfkelle abschöpfen. Den Topf von der Herdplatte ziehen, die Gelierprobe machen, dann Pinienkerne und Honig unterrühren. Die Marmelade sofort in Gläser füllen, verschließen und 5 Minuten auf dem Kopf stehen lassen.

Feigenmarmelade mit Pfeffer

Zubereitungszeit: 30 Minuten (ohne Wartezeit) • Kochzeit: etwa 4 Minuten

Für etwa 2–3 Gläser (Fassungsvermögen 250 ml)

Zubereitung

1. Die frischen Feigen unter fließendem Wasser abwaschen, in einem Sieb abtropfen lassen, vom Stielansatz befreien und vierteln.
   Die Hälfte der Früchte mit etwas Wasser in einem Topf zu feinem Mus kochen.

2. Die getrockneten Feigen in feine Streifen schneiden.
   Den grünen Pfeffer ebenfalls abwaschen, in einem feinen Sieb abtropfen lassen und mit einem Messer etwas klein schneiden.

3. Alle Zutaten in einem Topf zum Kochen bringen und etwa 4 Minuten unter ständigem Rühren kochen lassen. Den aufsteigenden Schaum abschöpfen. Die Marmelade nach der Gelierprobe in Gläser füllen. Diese sofort verschließen und 5 Minuten auf dem Kopf stehen lassen.

Zutaten

500 g frische Feigen
100 g getrocknete Feigen
Saft von 1 Zitrone
1 TL grüner Pfeffer
(aus dem Glas)
300 g Gelierzucker (2:1)

Aprikosenmarmelade mit Rosmarin

Zubereitungszeit: 20 Minuten (ohne Wartezeit) • Kochzeit: etwa 15 Minuten

Für etwa 4 Gläser (Fassungsvermögen 250 ml)

Zutaten

1 kg frische Aprikosen (entsteint gewogen)
100 g getrocknete Aprikosen
1 kg Gelierzucker (1:1)
2 Zweige frischer Rosmarin
1 unbehandelte Zitrone

Zubereitung

1. Die frischen Aprikosen waschen, abtropfen lassen, halbieren, entsteinen und in kleine Stücke schneiden.
   Die getrockneten Aprikosen in sehr kleine Würfel schneiden und mit den frischen Früchten in einem Topf mit dem Gelierzucker mischen und zugedeckt über Nacht im Kühlschrank ziehen lassen.

2. Rosmarin waschen, trockenschütteln, die Nadeln von den Zweigen zupfen und fein hacken. Die Zitrone heiß abwaschen und abtrocknen. 1 TL Schale abreiben und den Saft auspressen.

3. Die Früchte mit Rosmarin, Zitronenschale und -saft mischen. Das Ganze unter Rühren zum Kochen bringen und etwa 4 Minuten sprudelnd kochen lassen. Die Marmelade nach der Gelierprobe rasch in die vorbereiteten Gläser füllen und diese sofort verschließen. Anschließend 5 Minuten auf dem Kopf stehen lassen.

Aprikosenmarmelade mit Thymian und Zitrone

Zubereitungszeit: 40 Minuten (ohne Wartezeit) • Kochzeit: etwa 4 Minuten

Für etwa 4 Gläser (Fassungsvermögen 250 ml)

Zubereitung

1. Aprikosen waschen, enthäuten, halbieren, entkernen und in kleine Stücke schneiden. Die Hälfte mit etwas Wasser in einem Topf zu feinem Mus kochen lassen.
Die Zitronenschale mit einem Zestenreißer fein abziehen und die Zitronen auspressen.

2. Alle Zutaten mit dem Mus im Topf vermischen, zum Kochen bringen und etwa 4 Minuten unter ständigem Rühren kochen lassen. Den aufsteigenden Schaum mit einer Schöpfkelle abschöpfen. Nach der Gelierprobe die Marmelade in die Gläser füllen, verschließen und 5 Minuten auf dem Kopf stehen lassen.

Zutaten

1 kg Aprikosen
(entsteint gewogen)
½ TL getrockneter Thymian
2 Zitronen
1 kg Gelierzucker (1:1)

Beerenzauber

Zubereitungszeit: 25 Minuten

Für etwa 2–3 Gläser (Fassungsvermögen 250 ml)

Zutaten

500 g frische, gemischte Beeren (wahlweise Heidelbeeren, Erdbeeren, Himbeeren)
250 g Gelierzucker (2:1)
Schale und Saft von 1 Zitrone (unbehandelt)
1 Pckg. Vanillezucker
1 Prise Zimt

Anmerkung

Beerenzauber hält sich im Kühlschrank etwa drei bis vier Wochen. Außerdem können Sie diese roh gerührte Beerenmarmelade auch sehr gut einfrieren.

Zubereitung

1. Die Beeren waschen, putzen und verlesen. Mit Gelierzucker, Zitronensaft und -schale, Vanillezucker und Zimt vermischen.

2. Das Ganze etwa 15 Minuten mit dem Pürierstab pürieren, bis sich der Zucker gelöst hat.
   Die fertige Marmelade nach der Gelierprobe zügig in Gläser füllen und diese sofort verschließen.

Hagebutten-Orangen-Marmelade

Zubereitungszeit: 50 Minuten (ohne Wartezeit) • Kochzeit: 4 Minuten

Für etwa 4 Gläser (Fassungsvermögen 250 ml)

Zubereitung

1. Die Hagebutten waschen, abtropfen lassen, entstielen und verlesen. Hagebutten mit 750 ml Wasser in einem Topf zum Kochen bringen und etwa 25 Minuten bei schwacher Hitze kochen lassen. Hagebutten pürieren, durch ein Sieb streichen und abkühlen lassen. Die Masse sollte ein Gewicht von 650 g haben.

2. Die Orangen schälen, filetieren und von eventuell vorhandenen Kernen befreien. Die Filets etwas klein schneiden und mit dem Hagebuttenpüree in einen Topf geben, mit Gelierzucker und Zitronenschale mischen.

3. Das Ganze unter Rühren zum Kochen bringen und ebenfalls unter ständigem Rühren etwa 4 Minuten sprudelnd kochen. Den Schaum abschöpfen und nach der Gelierprobe sofort in vorbereitete Gläser füllen. Die Gläser auf den Kopf stellen und 5 Minuten auf dem Deckel stehen lassen.

Zutaten

1 kg Hagebutten (geputzt und verlesen gewogen)
350 g Orangen (geschält und filetiert gewogen)
1 kg Gelierzucker (1:1)
1 EL abgeriebene Zitronenschale

Sanddorn-marmelade

Zubereitungszeit: 40 Minuten (ohne Wartezeit) • Kochzeit: 4 Minuten

Für etwa 4 Gläser (Fassungsvermögen 250 ml)

Zutaten

1 kg Sanddornbeeren
Saft von 1 Zitrone
1 kg Gelierzucker (1:1)

Anmerkung

Sanddornbeeren verfügen über einen sehr hohen Vitamin-C-Gehalt. Dieser variiert je nach Sorte zwischen 200 und 900 mg pro 100 Gramm Beeren.

Zubereitung

1. Die Sanddornbeeren waschen, in einem Sieb abtropfen lassen, verlesen und in einem Topf mit etwas Wasser bei kleiner Hitze zu einem Mus kochen lassen.
   Das Mus durch ein feines Sieb streichen und die Kerne entfernen.

2. Das Mus mit Gelierzucker und Zitronensaft in einem Topf zum Kochen bringen und etwa 4 Minuten unter ständigem Rühren kochen lassen. Den aufsteigenden Schaum abschöpfen.
   Den Topf von der Herdplatte ziehen und die Marmelade nach der Gelierprobe in die vorbereiteten Gläser füllen. Diese sofort verschließen und 5 Minuten auf dem Kopf stehen lassen.

„Beschwipste" Marmeladen

Johannisbeer-marmelade mit Cassis

Zubereitungszeit: 15 Minuten (ohne Wartezeit) • Kochzeit: etwa 4 Minuten

Für etwa 4 Gläser (Fassungsvermögen 250 ml)

Zutaten

1 kg Johannisbeeren
Saft von ½ Zitrone
4 EL Cassis (Likör von Schwarzen Johannisbeeren)
500 g Gelierzucker (2:1)

Anmerkung

Es gibt Schwarze und Rote Johannisbeeren. Welche Beeren Sie bevorzugen, entscheidet Ihr Geschmack. Schwarze Johannisbeeren enthalten 130 mg Vitamin C, Rote Johannisbeeren etwa 30 mg Vitamin C (jeweils auf 100 g bezogen).

Zubereitung

1. Die Beeren waschen, in einem Sieb abtropfen lassen und verlesen.

2. Die Früchte mit Zitronensaft, Cassis und Zucker in einen Kochtopf geben, mit einem Stampfer leicht zerdrücken (die Früchte sollen aber noch erkennbar sein) und etwa 30 Minuten ziehen lassen.

3. Das Ganze aufkochen, etwa 4 Minuten unter Rühren sprudelnd kochen lassen und den aufsteigenden Schaum abschöpfen. Den Topf von der Herdplatte ziehen und nach der Gelierprobe in Gläser füllen. Diese sofort verschließen und 5 Minuten auf dem Kopf stehen lassen.

Heidelbeermarmelade mit Rum

Zubereitungszeit: 25 Minuten (ohne Wartezeit) · Kochzeit: 3 Minuten

Für etwa 4 Gläser (Fassungsvermögen 250 ml)

Zutaten

1 kg Heidelbeeren
500 g Gelierzucker (2:1)
1 EL Zitronensaft
2 EL Rum

Anmerkung

Guter Rum zeichnet sich durch eine lange Reifung in Holzfässern aus, ähnlich gutem Whisky oder Cognac. Je länger er sich im Holzfass entwickelt, desto abgerundeter ist sein aromatischer Geschmack.

Zubereitung

1. Die Früchte waschen und in einem Sieb abtropfen lassen. Die Beeren mit Gelierzucker in einer Schüssel vermischen und mit dem Pürierstab pürieren. Den Zitronensaft hinzufügen.

2. Das Ganze in einem Topf zum Kochen bringen, etwa 3 Minuten sprudelnd kochen lassen, den Rum unterrühren und den aufsteigenden Schaum mit einer Schöpfkelle entfernen. Die Marmelade nach der Gelierprobe in die Gläser füllen, verschließen und für 5 Minuten auf den Deckel stellen.

Zwetschgenmarmelade mit Amaretto

Zubereitungszeit: 25 Minuten (ohne Wartezeit) · Kochzeit: 15 Minuten

Für etwa 4 Gläser (Fassungsvermögen 250 ml)

Zutaten

1 kg Zwetschgen
(reife Früchte)
1 kg Gelierzucker (1:1)
3 EL Amaretto

Zubereitung

1. Die Zwetschgen waschen, abtropfen lassen, halbieren und entsteinen. Die Fruchthälften mit dem Zucker lagenweise in eine Schüssel schichten und über Nacht in den Kühlschrank stellen.

2. Den Zwetschgensaft abgießen, auffangen und in einem Topf einkochen, bis eine dickliche Masse entsteht. Den Saft abschäumen und die Zwetschgen darin etwa 15 Minuten kochen lassen. Kurz vor Ende der Kochzeit den Amaretto unterrühren.
Die Marmelade nach der Gelierprobe rasch in die vorbereiteten Gläser füllen und diese sofort verschließen. Die Gläser auf den Kopf stellen und 5 Minuten stehen lassen.

Himbeermarmelade mit Wein

Zubereitungszeit: 40 Minuten (ohne Wartezeit) • Kochzeit: 3 Minuten

Für etwa 4 Gläser (Fassungsvermögen 250 ml)

Zubereitung

1. Die Himbeeren verlesen und die Hälfte der Beeren mit 180 ml Wasser etwa 10 Minuten kochen lassen. Die Masse durch ein Sieb, welches mit einem angefeuchteten Leinentuch ausgelegt ist, abgießen. Sehr gut abtropfen lassen. Das Leinentuch leicht ausdrücken und 400 ml Fruchtsaft abmessen.

2. Den Saft mit dem Wein mischen und mit den restlichen Früchten, Gelierzucker und Zitronensaft verrühren. Das Ganze langsam aufkochen und 3 Minuten sprudelnd weiterkochen lassen. Nach der Gelierprobe rasch in die Gläser füllen, verschließen und 5 Minuten auf dem Kopf stehen lassen.

Zutaten

1 kg Himbeeren
500 g Gelierzucker (2:1)
450 ml Weißwein (trocken)
Saft von 1 Zitrone

Mirabellenmarmelade mit Mirabellenlikör

Zubereitungszeit: 40 Minuten (ohne Wartezeit) · Kochzeit: 3 Minuten

Für etwa 4 Gläser (Fassungsvermögen 250 ml)

Zutaten

1 kg Mirabellen
(entsteint gewogen)
500 g Gelierzucker (2:1)
80 ml Mirabellenlikör

Zubereitung

1. Die Mirabellen waschen, abtropfen lassen, halbieren und entsteinen.

2. Die Früchte mit Gelierzucker in einen Topf geben und zum Kochen bringen. Den Mirabellenlikör dazugeben und das Ganze etwa 4 Minuten sprudelnd kochen. Den Schaum abschöpfen und nach der Gelierprobe zügig in vorbereitete Gläser füllen. Die Gläser fest verschließen und 5 Minuten auf dem Deckel stehen lassen.

Pflaumen-Pfirsich-Marmelade mit „Schwips"

Zubereitungszeit: 30 Minuten (ohne Wartezeit) • Kochzeit: 4 Minuten

Für etwa 4 Gläser (Fassungsvermögen 250 ml)

Zubereitung

1. Die Früchte waschen, abtropfen lassen, halbieren und entsteinen. Die Fruchthälften in kleine Stücke schneiden, anschließend mit Zucker und Rum in einem Topf etwa 2 Stunden stehen lassen. Die Früchte in einem Topf geben und einmal kurz aufkochen lassen. Die Masse in eine Schüssel füllen, abkühlen und erneut über Nacht im Kühlschrank ziehen lassen.

2. Das Ganze zum Kochen bringen und unter ständigem Rühren 4 Minuten sprudelnd kochen lassen. Den aufsteigenden Schaum mit einer Schöpfkelle entfernen. Nach der Gelierprobe die Marmelade sofort in die vorbereiteten Gläser füllen. Die Gläser verschließen und 5 Minuten auf dem Kopf stehen lassen.

Zutaten

500 g Pflaumen
(entsteint gewogen)
500 g Pfirsiche
(entsteint gewogen)
500 g Gelierzucker (2:1)
3 EL Rum

„Beschwipste" Aprikosenmarmelade

Zubereitungszeit: 30 Minuten (ohne Wartezeit) • Kochzeit: 4 Minuten

Für etwa 4 Gläser (Fassungsvermögen 250 ml)

Zutaten

1 kg Aprikosen (entsteint gewogen)
1 kg Gelierzucker (1:1)
Saft von ½ Zitrone
60 ml Marillenlikör

Zubereitung

1. Die Aprikosen waschen, in einem Sieb abtropfen lassen, halbieren und entsteinen. Die Aprikosenhälften in kleine Stücke schneiden, anschließend mit Gelierzucker und Zitronensaft vermischt in einem Topf 2 Stunden ziehen lassen.

2. Das Ganze zum Kochen bringen und unter Rühren etwa 4 Minuten sprudelnd kochen lassen. Kurz vor Ende der Kochzeit den Marillenlikör unterrühren. Die Marmelade nach der Gelierprobe rasch in die Gläser füllen, verschließen und 5 Minuten auf dem Kopf stehen lassen.

Kirschmarmelade mit Likör

Zubereitungszeit: 40 Minuten (ohne Wartezeit) • Kochzeit: 4 Minuten

Für etwa 4 Gläser (Fassungsvermögen 250 ml)

Zubereitung

1. Die Kirschen waschen, in einem Sieb abtropfen lassen, verlesen und entsteinen.
   Die Hälfte der Kirschen mit dem Zucker bestreuen und etwa 1 Stunde stehen lassen. Anschließend in einem Topf bei kleiner Hitze zu einem Mus kochen lassen.

2. Zwischenzeitlich die Vanillestangen längs halbieren und das Vanillemark mit einem spitzen Messer auskratzen.

3. Das Kirschmus mit den übrigen Kirschen, Gelierzucker und Zitronensaft in einem Topf zum Kochen bringen und etwa 4 Minuten unter ständigem Rühren kochen lassen. Den aufsteigenden Schaum abschöpfen. Vor Ende der Kochzeit das Vanillemark und den Kirschlikör unterrühren.
   Die Marmelade nach der Gelierprobe in die vorbereiteten Gläser füllen. Diese sofort verschließen und 5 Minuten auf dem Kopf stehen lassen.

Zutaten

1 kg Sauerkirschen (Schattenmorellen, entsteint gewogen)
1 EL Zucker
2 Vanillestangen
Saft von 1 Zitrone
1 kg Gelierzucker (1:1)
4 EL Kirschlikör

Erdbeer-Rhabarber-Marmelade mit Rum

Zubereitungszeit: 30 Minuten (ohne Wartezeit) • Kochzeit: 4 Minuten

Für etwa 4 Gläser (Fassungsvermögen 250 ml)

Zutaten

750 g Erdbeeren (geputzt gewogen)
250 g Rhabarber
500 g Gelierzucker (2:1)
Saft von ½ Zitrone
50 ml Rum

Zubereitung

1. Die Erdbeeren waschen, von den Stielansätzen befreien, verlesen und halbieren. Mit dem Gelierzucker in einen Topf geben und 2 Stunden stehen lassen.

2. Den Rhabarber waschen, Blätter und Stielansätze entfernen, schälen und in kleine Stücke schneiden. Die Rhabarberstücke mit dem Zitronensaft unter die Erdbeeren mischen.

3. Das Ganze zum Kochen bringen, unter Rühren etwa 4 Minuten sprudelnd kochen lassen und den Schaum abschöpfen. Vor Ende der Kochzeit den Rum unterrühren.
Die Marmelade nach der Gelierprobe in Gläser füllen. Diese sofort verschließen und für 5 Minuten auf den Deckel stellen.

Heidelbeer-Johannisbeer-Marmelade mit Cognac

Zubereitungszeit: 20 Minuten (ohne Wartezeit) • Kochzeit: 3 Minuten

Für etwa 4 Gläser (Fassungsvermögen 250 ml)

Zubereitung

1. Die Heidelbeeren und Johannisbeeren waschen und in einem Sieb abtropfen lassen. Beeren mit Gelierzucker in einer Schüssel vermischen und mit dem Pürierstab pürieren. Den Zitronensaft zufügen.

2. Das Ganze in einem Topf zum Kochen bringen und etwa 3 Minuten sprudelnd kochen lassen, den Cognac unterrühren und den Schaum abschöpfen. Die Marmelade nach der Gelierprobe zügig in Gläser füllen. Diese sofort verschließen und 5 Minuten auf den Deckel stellen.

Zutaten

500 g Heidelbeeren
500 g Johannisbeeren
500 g Gelierzucker (2:1)
1 EL Zitronensaft
1 EL Cognac

Marmelade aus Süß-kirschen mit Portwein

Zubereitungszeit: 50 Minuten (ohne Wartezeit) • Kochzeit: etwa 4 Minuten

Für etwa 4 Gläser (Fassungsvermögen 250 ml)

Zutaten

1 kg Kirschen
(entsteint gewogen)
100 ml Portwein
500 g Gelierzucker (2:1)

Zubereitung

1. Die Kirschen waschen, abtropfen lassen, die Stiele entfernen, die Früchte halbieren und entsteinen. Die Hälfte der Kirschen in dem Portwein weich kochen. Anschließend durch ein feines Sieb streichen.

2. Die Kirsch-Masse mit dem Zucker und den übrigen Kirschen in einem Topf aufkochen. Unter ständigem Rühren etwa 4 Minuten kochen lassen und den Schaum abschöpfen. Die Marmelade nach der Gelierprobe zügig in Gläser füllen und diese sofort verschließen. Die Gläser 5 Minuten auf dem Kopf stehen lassen.

Marmeladen zur Weihnachtszeit

Weihnachtliche Kürbismarmelade

Zubereitungszeit: 30 Minuten (ohne Wartezeit) • Kochzeit: etwa 5–7 Minuten

Für etwa 4 Gläser (Fassungsvermögen 250 ml)

Zutaten

1 kg Kürbis (Fruchtfleisch)
250 g Gelierzucker (3:1)
1 Zimtstange
5 Gewürznelken
20 ml Weißwein
½ EL abgeriebene Zitronenschale

Zubereitung

1. Das Kürbisfleisch in Stücke schneiden und in einem Topf mit 20 ml Wasser bei mäßiger Hitze weich kochen. Die Masse durch ein Sieb streichen.

2. Die Kürbismasse in einem Topf mit den übrigen Zutaten vermischen und 15 Minuten ziehen lassen. Anschließend unter ständigem Rühren zu einer breiigen Masse kochen lassen und den aufsteigenden Schaum abschöpfen. Die Zimtstange und die Nelken nach Ende der Kochzeit wieder entfernen. Die Marmelade nach der Gelierprobe rasch in die vorbereiteten Gläser füllen, diese sofort verschließen und 5 Minuten auf dem Kopf stehen lassen.

Weihnachtliche Bratapfelmarmelade

Zubereitungszeit: 25 Minuten (ohne Wartezeit) • Kochzeit: 4 Minuten

Für etwa 4 Gläser (Fassungsvermögen 250 ml)

Zubereitung

1. Äpfel waschen, schälen, vierteln, vom Kerngehäuse befreien und in Stücke schneiden. Die Apfelstücke in einer Pfanne leicht andünsten, den Zucker dazugeben und bei kleiner Hitze karamellisieren.

2. Alle Zutaten zusammen in einen Topf geben, aufkochen und 4 Minuten unter Rühren sprudelnd kochen lassen. Den aufsteigenden Schaum abschöpfen. Die Marmelade nach der Gelierprobe sofort in Gläser füllen, verschließen und für 5 Minuten auf den Kopf stellen.

Zutaten

1 kg Äpfel
2 EL Puderzucker
1 TL Zimt
Saft von ½ Zitrone
1 kg Gelierzucker (1:1)

Register